AF263385

DE LA
LIBERTÉ DE LA PRESSE

PAR

M. LE Vte DE KERVILY,

AUTEUR DE

L'HÉRÉDITÉ EST LE SALUT DU PEUPLE.

BIBLIOTHÈQUE NATIONALE
R.F.
IMPRIMÉS.

1849

Le gouvernement, l'opinion publique, et même beaucoup de journaux ont aujourd'hui des tendances antipathiques à la liberté de la presse.

En face d'une telle prévention, dont les conséquences ne peuvent être que calamiteuses, il est du devoir du moindre soldat de la pensée d'aider à en montrer l'erreur et le péril, et c'est dans ce but que je publie cet écrit. Puisse-t-il être de quelque utilité.

Ce qui frappe dans toutes les tentatives contre *la presse*, c'est leur impuissance et l'odieux qui en rejaillit sur leurs auteurs. Pourquoi ce résultat fatal ? Est-ce la faute des procédés ? Non, car on les a employés tous. Pour quelle raison donc ? C'est parce que dans cette œuvre les efforts des gouvernements viennent se heurter contre un des modes essentiels du développement et des progrès de l'humanité. Toutes les possibilités humaines n'en triompheront pas, car Dieu, dans sa sagesse et ses vues sur nous, implante vite les grands faits providentiels, la Propriété, la Famille, l'Imprimerie, la Presse, à une profondeur dans la société telle, que si nos folies ou nos fantaisies peuvent encore les ébranler très-dommageablement par fois, elles ne sauraient, du moins, plus jamais les déraciner tout à fait ; et cette précaution n'est pas de trop, car si le soleil bienfaisant et vivificateur lui-même était à notre atteinte, dans un jour d'extrême chaleur, il se trouverait des énergumènes pour réclamer son extinction et des masses pusillanimes pour la permettre ; mais comment nos hommes politiques ne discernent-ils pas la solidité inébranlable de ce qu'ils attaquent, et ne renoncent-ils pas à compromettre leur prestige, celui déjà si affaibli de l'autorité, dans la recherche d'une victoire désormais impossible ?

Bien que le résultat final de cet antagonisme ne soit pas douteux, ce n'en est pas moins un spectacle plein de tristesse amère que celui des hommes s'efforçant et se flattant ainsi d'arrêter l'impulsion de Dieu même. Ils sont comme ceux qui, dans un vaisseau, tenteraient de suspendre sa marche en tirant, en sens opposé, sur une corde intérieure, ne remarquant pas que la cause du mouvement est en dehors et au-dessus du théâtre de leurs efforts et de leur agitation.

Le problème du siècle est de dégager l'idée progressive salutaire de l'idée révolutionnaire détestable. Si l'on n'a souci de cette décomposition, de cette distinction ; si on veut les étouffer pêle-mêle, la première aidera continuement et immanquablement l'autre à faire explosion ; l'humanité n'avancera qu'à coups de bouleversements, mais elle avancera, car c'est sa loi nécessaire.

Or, quelle est aujourd'hui cette idée progressive, quel est le but du mouvement social dans lequel nous nous trouvons impliqués ? C'est évidemment à mes yeux, d'arriver à établir chacun, sans exception, juge du bien et du mal dans toute la mesure de sa capacité ; c'est d'arriver à donner à chacun la liberté du choix, puisque Dieu en a mis en lui la faculté, comme compensation de sa chute. Ce ne sont pas quelques-uns seulement qui, en la personne d'Adam, ont touché à l'arbre de la science, en ont goûté les fruits, et ont pu, à leurs risques et périls, en faire le triage, par la substitution de leur discernement si fautif à la parfaite clairvoyance du créateur ; ce sont tous, et si l'humanité entière dans ses individualités porte la peine du péché, l'humanité entière dans ses individualités peut aspirer au mérite de la rédemption.

Voilà l'unique source de notre moralité; voilà la condition indispensable de la dignité humaine complète, et il ne nous est pas permis, à nous privilégiés légitimes, sans nul doute, mais enfin privilégiés de l'éducation, de la position et de la fortune, nous posant orgueilleusement en régulateurs du monde à l'encontre du souverain maître, de chercher à entraver l'exercice de ce droit commun; il est, au contraire, de notre devoir d'en hâter la généralisation.

Mais, va-t-on s'écrier, émettre cette doctrine, c'est prêcher l'indocilité! Nullement; c'est seulement tendre à substituer la soumission raisonnée, volontaire, à la soumission passive, qui n'est plus possible : ce n'est point abattre les autorités tutélaires, c'est, au contraire, permettre à chacun d'avoir conscience de leur légitimité et de leur utilité. La création de cette nouvelle organisation sociale est pleine de douleurs et d'angoisses, comme toute grande acquisition humaine, qui ne peut être obtenue, on le dirait du moins, qu'à la sueur du front, ou même au prix du sang des générations qui en dotent le monde. Mais, qu'on en soit certain, le respect des supériorités et des puissances sociales y sera en définitive assis sur des bases autrement inébranlables que celles trop souvent fictives et irrationnelles d'aujourd'hui; sur les bases de la vérité et de la conviction; et le sentiment civique, pour y être le fruit du libre arbitre de chacun, n'en sera que plus dévoué et plus vif. C'est dans l'ignorance que se cachent et s'entretiennent les doctrines de rébellion et de vanité; de l'étude consciencieuse sortent immanquablement celles de docilité et d'hiérarchie. Or, il est impossible d'imaginer une société plus belle et plus puissante que celle au soutien et à la splendeur de laquelle chacun, depuis le plus petit jusqu'au plus grand, apporterait de tout cœur et de toute volonté, son activité, sa capacité et ses forces. A quelle distance elle laisserait en arrière les meilleures sociétés actuelles, où, au-dessous d'un plus ou moins grand nombre de citoyens réellement actifs, il y a encore une majorité d'êtres presqu'automatiques, ou, qui pis est, d'êtres résistant à l'impression qu'on veut leur imprimer d'autorité!

Autre objection. On dit que les mauvais principes ont plus d'attrait que les bons sur notre âme, et qu'en état de liberté, ce sont eux qui l'emportent. Cette opinion est, en même temps, un blasphême contre la providence et une calomnie contre notre nature. Si elle était vraie, il y a de longs siècles déjà que la société et l'humanité eussent péri; car nous ne subsistons que parce qu'en fin de compte ce sont les bons qui triomphent, et il serait extravagant d'attribuer ce résultat uniquement aux efforts de quelques hommes, des législateurs luttant contre une œuvre divine essentiellement et irrévocablement mauvaise. Les lois sont, sans nul doute, des guides et des freins; mais elles ne sont persistantes et efficaces qu'à la condition précisément d'être les prescriptions écrites de nos sentiments naturels, de notre conscience, et l'empire éphémère ou imparfait de celles qui s'en écartent, serait seul une preuve décisive de l'erreur radicale de l'objection.

Quoi qu'on fasse ou qu'on laisse faire, la société est donc, selon vous, impérissable, sera-t-on peut-être tenté de me dire ici? Mais cette déduction serait fausse, car indiquer les conditions dans lesquelles les lois sont bonnes, ce n'est évidemment pas les trouver, dans tous les cas, inutiles; et conseiller de laisser chacun juge du bien et du mal dans sa sphère, ce n'est évidemment pas, non plus, conseiller de ne prendre nul souci pour veiller à ce que les deux éléments comparatifs y soient également mis à sa portée. Voilà justement la tâche du gouvernement.

La société, bien que nous ne puissions en prévoir la fin, n'est cependant pas nécessairement éternelle, et un des signes certains de l'époque où Dieu l'aurait condamnée à la mort serait lorsque, privés des dons de sa grâce à cause de leur égoïsme, les chefs des nations auraient eux-mêmes oublié les bonnes doctrines, et perdu le talent, le pouvoir ou la volonté de les enseigner à la masse dépravée par l'influence presqu'exclusive du mal ; serait lorsque, dans leur aveuglement et leur désespoir, ils croiraient pouvoir suppléer par la contrainte la soumission des consciences, qu'ils ne seraient plus dignes ni capables d'émouvoir et d'éclairer. Dès lors, effectivement, plus de salut ; au bout de peu de temps, nous péririons.

En descendant de ces principes généraux à leur application dans la question actuelle de la presse, il est permis de demander pourquoi l'on n'a pas offert, pourquoi l'on n'offre pas au peuple de bons journaux aux mêmes conditions pécuniaires que les mauvais. Le moyen serait inefficace, disons-nous ; comment en sommes-nous certains à l'avance ? Cette conviction préalable n'est-elle pas aidée par notre répugnance au sacrifice ? notre égoïsme s'en accommode trop bien pour ne pas le soupçonner d'en être, plus ou moins, complice. Il est étrange que nous croyions meilleur marché de donner des coups de fusil que de l'argent ; au règlement de compte définitif, nous verrons combien, au contraire, nous aurons perdu et nous ferons perdre à nos enfants par ce procédé.

Les raisons d'ordre et de moralité ne sauraient être mises aussi clairement à la portée du vulgaire que les prétextes de désorganisation, objecte-t-on encore. Eh bien ! je me permets de croire que cela aussi est une erreur, et que nous calomnions nos facultés pour nous excuser de ne pas en tirer parti. Il n'y a pas de principe qui n'aille toucher et intéresser en bien ou en mal, dans son application, le plus infime des membres de la société ; il n'est même principe qu'à cette condition. Il ne s'agit donc que d'en suivre la filière et les embranchements jusqu'à trouver en quoi, comment, et sous quelle forme il affecte directement la position, le moral et l'esprit de ceux qu'on a dessein d'influencer ; c'est de ces effets immédiats que chacun est juge dans son bon sens et sa conscience. En les discernant, en les comprenant bien nous-mêmes, en en usant avec sagacité et à propos, ils doivent suffire à notre but ; car tout homme est centre convergent d'une sphère plus ou moins étendue, selon son intelligence, mais aussi bien assortie dans ses moindres que dans ses plus vastes dimensions de tous les éléments nécessaires à l'option de la volonté entre le bien et le mal. Les éléments bons y existent toujours au complet comme les mauvais ; c'est donc à nous à les rendre plus perceptibles et plus sensibles à chacun, et c'est notre intérêt autant que notre devoir d'y employer nos méditations et nos talents ; car notre salut, le salut de la société, ne sont qu'à ce prix.

Si même, après ces efforts, le peuple donnait encore la préférence aux mauvaises publications, il ne faudrait pas, pour cela, se hâter d'emprisonner, de suspendre, de confisquer. Toutes ces mesures *ab irato* sont des coups confus et désespérés de dépit et de vengeance plutôt que des actes raisonnés et prudents de politique, et dénotent une frayeur exagérée des adversaires sous l'ostentation du dédain ; une impuissance radicale contre les causes sous le luxe de la répression des moyens. La question sociale demande absolument à être dénouée avec art et patience et non à être tranchée avec colère et précipitation.

La continuation de cette pernicieuse préférence du peuple démontrerait chez lui un déplorable état moral, mais qu'on ne ferait point cesser en supprimant les organes par

lesquels il se manifeste ; tout au contraire, l'amendement
en deviendrait plus difficultueux ; car ces moniteurs du
mal en indiquent exactement le degré et l'étendue, nous
tiennent en éveil à son égard, nous empêchent de nous faire
illusion sur lui et d'en ajourner les remèdes ; c'est donc
dans l'intérêt de la remoralisation elle-même qu'il faudrait
se garder de les détruire.

Mais, en attendant les remèdes et leurs effets, me
dira-t-on, la propagande détestable étendrait le cercle de
la dépravation et recruterait de nouveaux prosélytes aux
doctrines désorganisatrices. Sans nier tout à fait la puissance de la presse pour ce résultat, je répondrai que, du
moins, l'exagère-t-on singulièrement ; la presse est plutôt
un symptôme qu'une cause, et, par ses compositions dé-
tachées, rapides, superficielles, elle tient plutôt au courant
des doctrines dont on est déjà imbu qu'elle ne les inculque.
C'est par des impressions plus intimes et plus continues
que s'effectue principalement la perversion du sens moral ;
c'est par la dépravation des mœurs dans les hauts de la
société, qui, au moyen de la contagion de l'exemple, em-
mène la dépravation des mœurs dans le bas ; c'est par l'ou-
bli des traditions salutaires ; par le relâchement des liens
sociaux, provenant de la négligence ou de l'ignorance à
enseigner les bonnes doctrines qui enjoignent, comme un
devoir envers Dieu et la patrie, de les entretenir serrés ; par
la facile infiltration, au contraire, des mauvaises doctrines le
long de la filière des générations à la faveur de la mollesse,
de l'indifférence et du scepticisme des familles et des gouvernants ; c'est par la confusion qui résulte de cette éducation à l'aventure dans les esprits et les consciences, sur
le juste et l'injuste, le respectable et le méprisable ;
par les conversations, les habitudes, les sensations jour-
nalières de la vie ; c'est enfin, par de grandes misères
dédaignées ou méconnues, repoussées avec arrogance et

dureté dans leurs plaintes ; par l'affreuse et affaissante tyrannie sur l'âme et ses dispositions natives à l'équité, d'un corps en proie à des souffrances sans allègement et sans espoir. Voilà les vraies causes de notre décadence, et l'attribuer à la presse c'est prendre la fumée de l'incendie pour l'incendie lui-même.

Les horreurs de la première révolution qui, Dieu merci, n'ont pas été et ne seront vraisemblablement pas égalées, ne furent certainement pas inspirées par la presse à peine née. Si, depuis lors, elle avait eu l'influence néfaste qu'on lui prête, l'état social aurait dû empirer à mesure de la recrudescence de ses violences. Eh bien ! depuis l'insurrection de juin 1848 jusqu'à celle du même mois de cette année, les journaux socialistes ne se sont certainement ni modérés ni amendés, et cependant cette dernière journée a trouvé infiniment moins de partisans que l'autre, et surtout dans les ouvriers du faubourg Saint-Antoine qui, auparavant, formaient le gros de l'armée des insurgés. Qu'on convienne donc qu'on se fait illusion sur la puissance de la presse, dès qu'elle dépasse ou contrecarre l'opinion publique. Elle n'est forte que tant qu'elle en est la traduction claire, animée, mais fidèle ; et l'on voit aussi, par cet exemple, que le libre jugement du peuple lui suffit pour faire justice de la mauvaise, même sans l'aide de l'antagonisme de la bonne.

Et c'est précisément le moment où il vient de donner cette preuve frappante de sagesse dans le triage des doctrines qu'on choisit pour restreindre sa faculté d'examen, pour raviver ses désirs et sa curiosité par la prohibition ! En vérité, nos hommes politiques sont d'une ingratitude et d'une inconséquence rares. L'attrait du plus mauvais fruit défendu est d'axiôme proverbial ; ne le défendez donc pas, c'est de la plus vulgaire logique :

laissez-y goûter en liberté, et patientez ; bientôt vous le verrez rejeter avec répugnance.

Par vos persécutions, au lieu d'abattre tout à fait la presse socialiste, vous allez la ressuciter ; c'est un service de salut que vous allez lui rendre *in extremis*, et c'est elle et non la société qui vous devra des remercîments. Elle avait fini par scandaliser les ouvriers eux-mêmes, dites-vous ; raison de plus pour ne pas la proscrire ; elle était morte comme influence, et serait restée uniquement comme témoignage du respect absolu pour le droit intégral. Le respect d'un principe dans ses mauvaises conséquences est la plus sûre garantie de son respect dans toute l'étendue des bonnes.

C'est quand la presse augmente de violence qu'on est le plus tenté, je sais, par le mouvement naturel de l'indignation, de la réprimer ; mais, en y réfléchissant, on aperçoit que c'est aussi justement alors que cette intervention positive et officielle est le moins nécessaire, le dégoût public y suppléant supérieurement et à bref délai.

Eh quoi ! vous avez pour vous, contre le socialisme nu, le droit et le fait, la loi et la force, l'action et la possession, l'enseignement des bons préceptes, l'armée, les prêtres, les magistrats, la conscience, les instincts, les habitudes et jusqu'aux préjugés publics, et vous venez demander d'y joindre encore la persécution ; la persécution qui relève et fait renaître ! Oh ! oui certes, votre aveuglement est incroyable ! il est au point de vous faire devenir les plus actifs complices du mal que vous voulez détruire. Dans aucune hypothèse, vous n'êtes justifiables, car s'il était possible, ce qui n'est certainement pas, que tous ces moyens mis à votre disposition par la société fussent insuffisants contre le socialisme, il faudrait cesser de le combattre ; il recèlerait la vérité, et son triomphe serait, quoi qu'on fît, irrésistible.

En énumérant plus haut les vraies causes de démoralisation sociale, j'en ai indiqué, par opposition, les remèdes. Ils sont ceux qu'on a employés si efficacement déjà avec la population du faubourg Saint-Antoine; la manifestation de dispositions sincèrement compatissantes pour le sort des malheureux; de la charité effective à leur égard; des études consciencieuses, actives, incessantes à la recherche des moyens d'alléger leurs misères et d'en prévenir le retour; l'application de ces moyens au fur et à mesure qu'ils sont jugés efficaces et possibles; et, surtout, l'endoctrinement religieux, moral et industriel de l'homme du peuple; des encouragements et des conseils pour le faire revenir à la foi, aux croyances et aux traditions salutaires; la preuve qu'elles sont dans son intérêt le plus personnel; une éducation qui lui donne l'habitude d'exercer son propre jugement sur les choses à sa portée, qui lui enseigne la prudence, la modestie, l'abstention même sur celles qui sortent de ses limites, et qu'il ne peut et ne doit apprécier que par leurs effets; enfin, la connaissance de lui-même et le respect des autres. A une époque de recomposition sociale, le ministère le plus important est, sans contredit, celui de l'instruction publique, et la France doit s'applaudir de le voir aujourd'hui entre les mains d'un homme aussi moral et aussi véritablement libéral que M. de Falloux. Mais qu'elle ait de la patience; elle ne saurait sagement prétendre à voir reconstruire en un jour un édifice qu'on démolit depuis 60 ans.

Reste encore au gouvernement le moyen des répressions; c'est celui dont il use et abuse le plus volontiers, c'est celui cependant qui est le moins efficace et le moins fécond en toutes choses, mais surtout en matière de presse, la seule que j'examine ici. La liberté de discussion m'y paraît devoir être absolue. Dieu n'a pas fait de restriction quand il a dit : *Je livrerai les choses de la terre à leurs investigations et à leurs disputes;* nous n'avons pas le droit et nous ne devrions pas avoir l'envie d'en faire après lui. Où l'action répressive et punisseuse du gouvernement intervient justement et salutairement, c'est au moment que l'on quitte la controverse pour l'outrage et l'enseignement de gré à gré pour l'excitation aux voies de fait ; mais encore là faut-il ne pas confondre l'outrage avec une déduction logique désagréable ; l'outrage est une imputation rabaissante et nuisible que la passion et la haine adressent à priori, sans la faire ressortir exactement des éléments de la discussion.

Quant aux faits insurrectionnels, ils sont à mes yeux, sans exception, condamnables en principe. La discussion demeure à la nation, mais elle a délégué l'action au gouvernement seul, qui est reputé mû et inspiré par les meilleurs, les plus intelligents et les plus complets motifs, tant que le sentiment national ne l'abandonne pas clairement. C'est ce sentiment qu'on a droit de chercher à influencer et à modifier ; si l'on n'y parvient pas, il est éminemment inique, despotique et criminel de s'attaquer à son émanation ; si, au contraire, l'on y parvient. le mauvais gouvernement qui se trouve et persiste à rester en désaccord avec lui ne dure plus longtemps ; il tombe d'impuissance et de délaissement à la première résistance ou à la première difficulté grave.

Voilà les seules répressions justifiables, et encore faut-il en user sobrement aujourd'hui que les arrêts de l'opinion publique viennent remplacer le plus souvent ceux des anciens tuteurs plénipotentiaires du pays.

Je finis par une remarque qui a son importance et peut avoir son utilité. Bien que la prétention de nos gouvernants à mesurer et à trier la lumière à la nation soit d'une merveilleuse outre-cuidance, après que Dieu lui-même s'est dessaisi de ce monopole ; on serait, néanmoins, disposé à excuser leur erreur en les en plaignant et en se fiant à un très-prochain avenir pour leur en démontrer la vanité inouïe, si on les y voyait personnellement désintéressés ; mais, bien au contraire, tous, les uns après les autres, sans se décourager ni s'instruire de l'insuccès de leurs devanciers, tous, c'est le privilége de l'inviolabilité pour eux-mêmes qu'ils cherchent à obtenir, c'est le prestige de l'infaillibilité qu'ils tentent de donner à leurs actes en en supprimant la critique. L'État c'est eux ; le mauvais citoyen est celui qui les discute ; le perturbateur celui qui les blâme, le factieux celui qui les accuse. Ils ne conviennent point de cela ; je le crois vraiment bien ; s'ils le faisaient et qu'ils persistassent, ils ne seraient plus les gens abusés, mais éminemment honorables qu'ils sont, et que, sans nul doute, ils resteront ; ils seraient des coupables, des criminels envers le pays. Ils permettent, et ont la ferme résolution de permettre toujours une liberté entière de discussion dans les limites de la raison et de la vérité. Belle concession, en effet, pour peu qu'on y regarde ! N'est-il pas évident que plus leurs intentions seront pures et patriotiques, plus vîte et plus vivement ils trouveront de la calomnie dans l'accusation ? N'est-il pas évident que, si on les laisse juges de la polémique, ils trouveront dans les bornes permises, seulement celle dont ils seront sûrs de triompher, et que celle qui prouvera péremptoirement leurs torts, leur paraîtra immanquablement en être sortie ? Cela n'est point contestable, cela ne saurait même être autrement. Mise à la discrétion d'un gouvernement quelconque, la controverse politique cesserait d'être un élément de progrès pour se réduire à un vain exercice de dissertation classique.

Et qu'on ne vienne pas présenter comme justification, pas même comme garantie, l'appui et jusqu'aux excitations que le ministère rencontre dans la majorité de l'assemblée. J'ai déjà dit, dans mon livre de l'*Hérédité*, notamment à la page 101, ce que je pensais de l'infaillibilité et de la solidité des majorités ; je me bornerai ici à intervertir une terrible

apostrophe du président actuel du conseil au ministère de
M. Guizot. « Vous soumettez votre majorité à de bien rudes
épreuves, s'écriait-il alors. » Aujourd'hui je crains bien que
ce soit la majorité qui prenne l'initiative de cette pression,
dans ce cas, encore plus que dans l'autre, détestable et fu-
neste !

Nos lois sur la presse, toutes écloses ainsi à la chaleur
malsaine des temps d'orages, ne sauraient être qualifiées de
règles fondamentales de la matière. Ce ne sont que de vains
mais odieux instruments de bâillonnement et d'oppression
dont se servent tous les partis, tour à tour victorieux, pour
essayer de faire subir en silence leur despotisme aux vain-
cus, avec préjudice immense de l'intérêt général de la société ruinée et arrêtée dans sa marche sous tous ces conflits
successifs. Tristes armes ! tristes combats ! tristes victoires
remportées sur le sein impitoyablement et incessamment
déchiré de la patrie !

Les lois de Septembre, faites en faveur de la monarchie
contre la République, sont aussi bien appliquées aujour-
d'hui par la République contre la monarchie ; seraient aussi
bien appliquées par le socialisme contre les deux. Voilà la
cause de l'antipathie et du dégoût des gens impartiaux
pour toutes ces mesures d'exception qui ne raffermissent
aucun régime, bien au contraire, et qui ne perpétuent de
l'un à l'autre que de déplorables habitudes de violences
et d'asservissement.

Lois de compression pour la presse, lois, en tout temps,
mauvaises, mais dont, cependant, les partis se réjouissent
de voir infliger les rigueurs à leurs adversaires, et contre
lesquelles ils ne songent à se récrier que quand c'est leur
tour d'en être les victimes. Car voilà la justice et la pré-
voyance de nos appréciations !

Quand donc, ô mon Dieu ! se déterminera-t-on à ne faire
que des lois dont l'équité soit immuable, et dont les pres-

criptions soient au profit de tous? Lorsqu'on s'inspirera
des principes généraux, et non des intérêts partiels. Est-ce
donc dire que ce bienfait soit indéfiniment ajourné pour
nous? Hélas ! parfois je le crains, et je désespère du bon-
heur de mon pays.

Dans tous les cas, nos hommes politiques veulent-ils sa-
voir le moyen de braver dignement et avantageusement les
attaques de la presse adverse ? qu'ils prennent la ferme
résolution de dégager leurs assertions, leur conduite et
leurs actes, de tous les équivoques qui les obscurcissent et
les font, à juste titre, suspecter. Puisqu'ils veulent l'ordre,
qu'ils ne le confondent pas avec la tranquillité des tom-
beaux ; qu'ils en aperçoivent et, surtout, en avouent les
conditions permanentes, et qu'ils en préparent la forme politique indispensable. Ils n'en auront, je le sais, ni la force
ni l'habileté ; ils opprimeront donc, mais très-certainement
aussi ils tomberont (1). S'il n'y a pas eu de révolution
faite par la liberté de la presse, il y en a déjà eu une faite
à cause d'elle. Ce n'est qu'un souvenir, ce devrait être un
avertissement.

Dans le projet de loi présenté à l'Assemblée, il n'y a qu'une
disposition que j'approuverais sans réserves, pourvu qu'on
n'en abusât pas ; c'est celle qui assujétit les journaux à insé-
rer les rectifications officielles de leurs inexactitudes, à plus
forte raison, de leurs mensonges. Ceci est juste, est équi-
table ; c'est une satisfaction que la loyauté doit toujours être
prête à donner.

---

(1) Ce serait se méprendre complétement sur mes sentiments per-
sonnels à l'égard des hommes actuels du pouvoir et même sur ma
manière d'envisager l'intérêt de mon opinion politique que de croire
que cette prévision me soit, au moindre degré, agréable.

Paris. Imp. GROS, r. du Foin-St-Jacques, 18.

www.ingramcontent.com/pod-product-compliance
Lightning Source LLC
Chambersburg PA
CBHW050739070726
47597CB00009B/3991

www.ingramcontent.com/pod-product-compliance
Lightning Source LLC
Chambersburg PA
CBHW050740070726
47597CB00009B/4003